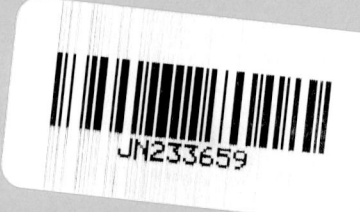

準備いらずのクイック外遊び

空き時間にサッと楽しむ遊び

ベスト40 プラス3

木村 研【編著】

いかだ社

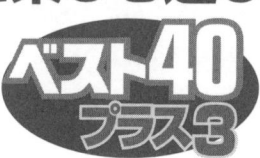

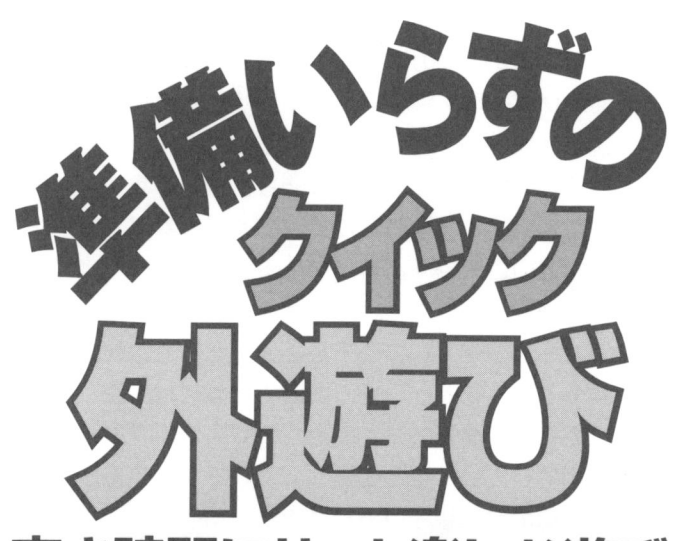

はじめに

前著『準備いらずのクイック教室遊び』をご覧になった方々から多くの反響がありました。中でも多かったのが、校庭あるいは遠足・校外学習に出かけた時にサッとできるいい遊びはないか、というご意見でした。なるほど、学校生活では授業や行事で外出する機会も多いですし、ちょっとした空き時間・移動時間にできる遊びの素材がほしいという先生方のご要望もよくわかります。

準備のいらない遊び、とは言っても駆け回る遊びばかりでは子どもも飽きてしまうでしょう。そこで、外出時に必ず用意する持ち物とか現地で調達できる材料を使ってできる遊びを考えてみました。お泊り会やキャンプなど大がかりな準備をしていく場合と違って、校外学習や遠足などで出かける時の便利帳というわけです。

では、どんな支度をして出かけたらいいでしょうか。
「外に行くんだから帽子をかぶっていくよね」「それなら赤白帽にすればいいんじゃないか」「タオルやバンダナを持っていけばハチマキの代わりにも目隠しにもなるもんね」「授業だったらノート も持っていくんだろうなあ」

考え始めると、いろんなことが次々に浮かんできました。

ロープを用意して行けば、川を渡る時、土手をのぼる時、またボクたちのようないたずらっ子が水たまりで転んだりドロンコになったりしても、あわてることはありません。濡れた洋服も干せますからね。おにぎりを包んでいたアルミホイルとビニール袋があればボールとして使え、遊びも広がります。

そして先生のスタイルも、メガホンを首にかけたり麦わら帽子をかぶるなどして校外に出かける準備をしておけば、遊びのための準備なんか要りません。

ボク自身も、子どもが小さい頃、フィルムケースやビニール袋をポケットに、タオルなどは首にかけて出かけたものです。それがあると、ザリガニをとっても、虫をとっても、どんぐり拾いをしても、とっても便利でした。「うん、これだ！」と思いました。

あとは先生の遊び心・いたずら心しだいで無限に楽しめるでしょう。

この本で紹介した遊びからどのような授業が展開されるのか、想像しただけでワクワクしてきます。たくさん遊んでいただけたら嬉しいですね。

2003年６月

木村　研

目次

4 砂浜や川辺で楽しむ遊び

5 元気いっぱい！ フィールドの遊び

出かける時の仕度が

スカーフ
麦わら帽子
おにぎりを包んでいたアルミホイルは丸めればボールに！
ビニール袋やポリ袋
ゴミを入れたり虫や草花を入れたり、木の実をひろってもいいね。
小さめのリュック。お弁当ビニール袋、薬など…
ロープ
タオル
集合
ロープの使いみち

そのまま遊びの道具に早変わり!

外に出る時は帽子をかぶろう!
赤白帽子ならゲームにも使えます。
林の中に入るときや夜のひえこみにそなえて長ソデ、長ズボンを用意しよう!
ビニール袋も持っていこう

あると便利
新聞紙
しいたり燃料にしたり
虫めがね
観察!
フィルムケース
えんぴつとノート
遊び用にビーチボールなど
軍手

遠いのぞきメガネ

ねらい こんな時に

思いきり走り回るほどスペースがない時でもできる、そろそろ歩きのリレーです。小さなのぞき穴から見る目標物はずいぶん遠くに感じられます。教師は、あらかじめメガホンを２つ用意しておくといいでしょう。

声かけ♥導入

「メガホンを使ってリレーをしましょう」
と声をかけます。

チームを２つ（メガホンの数）に分け、遠くに目印の木などを探し、木にタッチするか回って戻ってくることにします。

展開

１番目の人がスタートラインに立ち、メガホンの大きい口を顔にかぶせ、小さい穴からのぞきます。

教師の合図でスタートし、木を回って戻ってきます。戻ったらメガホンを渡して次の人がスタートです。

小さな穴から見る景色はいつもと違って感じます。距離感がつかめなくて、そろそろしか歩けません。手探りで行ったり、しゃがんではいながらしか行けないでしょう。

その格好を見て、応援にも力が入ります。

結果♥発表

アンカーが早くスタートラインに戻ったチームが勝ちとなります。

効果◆発展◆アドバイス

●ロープがあれば、ロープをくねらせてコースをつくるのもいいでしょう。それをつたってゴールまで行くと楽しいですね。今どこを通っているか分からなくなりますよ。

あの木にタッチしてきてね！
はーい
はーい
え〜と…
まっすぐに！
ガンバレ
距離がつかめないよ〜
応用
ロープをたどってゴールまで行こう
ゴール
スタート

あんよは上手

ねらい
こんな時に

自然の中で目を閉じると、いろんな音が聞こえてきます。風の音、鳥の声を楽しみながらまずは耳の訓練。いろんな音を聞き分けられるようになったかな？　友だちの声をたよりにゴールまでたどりつく遊びです。

声かけ♥導入

草や砂の上に腰を下ろし、目を閉じさせて、
「どんな音が聞こえる？」
と尋ねてみましょう。子どもたちからいろんな答が返ってきますから、その音をみんなで観賞します。

「じゃあ友だちの声は聞き分けられる？」
と聞いてゲームを始めます。

展開

２人ずつのチームに分かれ、１人がタオルなどで目隠しをします。もう１人は後ろから指示をだす係です。２～３m先の木などを目標物に定め、それを回って戻ってきます。

他の人は、声援・だまし・ヤジなどいろんな声を出して邪魔しましょう。

それに惑わされないように、相棒の声を聞き分けて歩き、スタートに戻って交替です。

結果♥発表

一番早くゴールしたチームを勝ちとしてもいいですが、途中の経過を楽しんでください。

効果◆発展◆アドバイス

- ●広い場所なら、全員でリレーをしてみよう。
- ●友だちの声を聞き分けることで信頼関係を築く効果もあります。

どんな音が聞こえる？
え〜と…
鳥の声…
風の音…
同じチームのなかまの声をたよりに歩きます
左、左に行って。
だいじょうぶ、まっすぐいって！
ちがうよ、右に行って！
よしこちゃんの声は……
まっすぐだ！

鵜匠鬼ごっこ

ねらい こんな時に

野外に行った時、漁のしかたなどについて話しあってみるのもいいですね。いろんな魚の捕り方があるものです。人間だけでなく、動物や鳥が魚を捕るやり方も話しあってみましょう。その中でも鵜は上手に魚を捕りますね。

声かけ♥導入

２人でタオルの両端を持ち、地面に図のような大きな円を書きます。線を引く人が棒などを使って、足下からさらに1mほど大きな円にします。その中心に直径50ｃｍ～１ｍくらいの小さい円を書きます。

鬼を２人決めます。１人が鵜匠《うしょう》、もう１人が鵜の役です。

展開

鵜匠はタオルの端を持って小さい円の中に立ち、鵜はタオルのもう一方の端を持ちます。他の人たちは魚になって、大きな円の中に散らばります。

スタートの合図で、鵜は魚を追いかけてタッチします。つかまった魚は円の外に出てください。

鵜匠は小さい円から出てはいけません。出たらつかまっていた魚が逃げられる、と決めてもいいでしょう。

結果♥発表

全員つかまえたら終了。他のチームが鬼になってゲームを続けましょう。

効果◆発展◆アドバイス

●長いロープでやる場合……鵜の腰にロープを巻きつけて、両手を使って魚をつかまえる。

●タオルが２本ある場合……鵜匠が２本持ち、鵜を２匹にしてやってみよう。

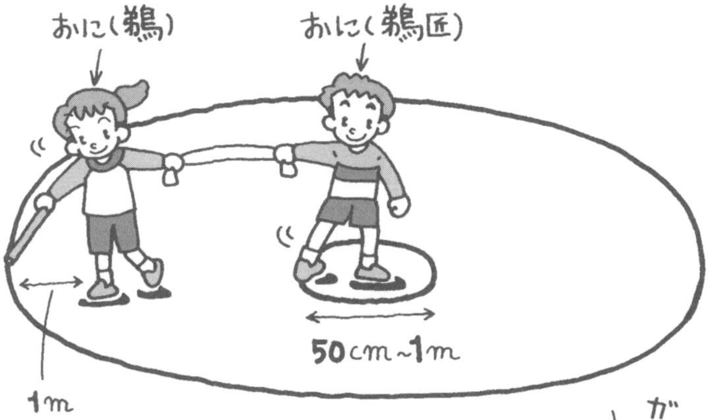
おに(鵜)
おに(鵜匠)
50cm〜1m
1m

ガンバレ!
にげろー!
魚
つかまえて!
まてー!
あ〜!!
つかまっちゃう。
つかまった魚は
円の外に出ます

おつかいはお早く

自然の中に出かけ、どんな物があるか、みんなで見つけてゲームをしよう。

ねらい こんな時に

広い範囲でも狭い範囲でも、子どもたちのアイデアとやる気で楽しさが広がります。

声かけ♥導入

「おつかいのゲームをしよう」と声をかけ、子どもたちにどこまでおつかいに行ったらいいか考えてもらいます。

（例）●坂の下まで　●むこうの高い松の木まで

●落ち葉を１０枚拾ってくる

●公園の水道で水をくんでくる

●公園のグラウンドにお母さんの顔を描いてくる

など、その場の状況でアイデアを引き出します。

教師が地面に直径１ｍほどの円を書き、中を５～９に分けます。その中におつかいのコースを書きます。

展開

４、５人ずつやりましょう。子どもたちは円から１ｍくらい離れて立ちます。

教師の合図でくつを片方ぬぎ、いっせいに円に向かって投げます。円の中に入らなかった人は、もう一度投げます。

くつの止まったところを大きな声で読んで、指定された場所に行っておつかいをしてきます。

結果♥発表

残りの人は、審査員と応援団です。

早く帰ってきた人の勝ちとします。

効果◆発展◆アドバイス

●海・山・川など、その場に応じたおつかいを楽しみましょう。

●チーム対抗でもやってみよう。

③は「どんぐり10コ持ってくる」です！
②
⑤
①
③
④
どうしよう…
ぼうし5つ、かして～！
どんぐり10コ?! どこに?
花柄のハンカチ3枚?!

安全運転しよう

ねらい
こんな時に

子どもは車ごっこや電車ごっこが好きですね。広い公園に行った時に、チームワークよくドライブして遊びましょう。原っぱや砂浜などでもどうぞ。

声かけ♥導入

「ドライブしよう」と声をかけ、３人ずつのチームをつくります。３人が縦１列に並んで車になります。先頭は紙袋をかぶって立ちます（目隠しでもよい）。２人目も紙袋をかぶり、先頭の両肩に手をおきます。

３人目は、２人目の腰をつかんで運転手となります。

展開

数ｍ先の木などを目印にして回って戻ってきます。教師の合図でスタート。３人目が、前の２人を操作して運転します。とはいえ間に１人入っていますから思うように運転できません。コースを外れたりします。応援の人も盛り上がるドライブです。

結果♥発表

元の位置に早く戻ったチームの勝ちです。

効果◆発展◆アドバイス

●校庭なら、10ｍほどの十字を書いて４チーム対抗のリレーをやってみよう。

①４チームが４か所に立つ。

②教師の合図でスタートし、コースからはみ出さないように左に曲がって終点まで行く。

③着いたら、今度は先頭だった人が運転手になりゲームを続ける。

④元の位置に早く戻ったチームの勝ちとする。

ガンバッテ!
右かな?
右?左?
左なのに…
あれ?
ちがうよ!

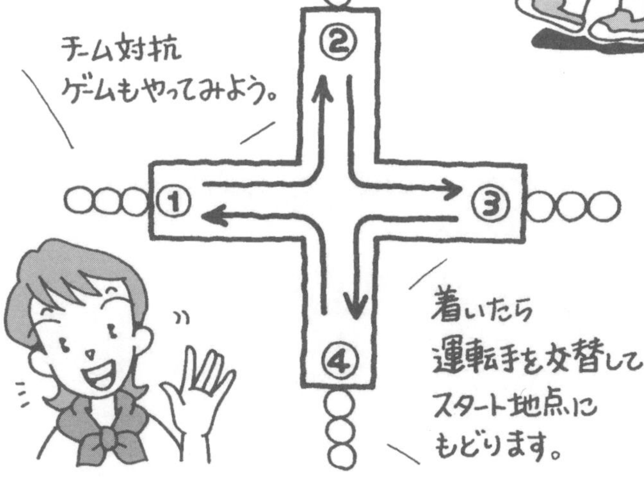
チーム対抗
ゲームもやってみよう。
②
①
③
④
着いたら
運転手を交替して
スタート地点に
もどります。

しっぽ当てドッジボール

広い場所でやりましょう。チーム全員で力を合わせるので、仲間づくりにおすすめです。

ねらい こんな時に

また、強い子だけが勝つドッジボールではありませんから、異年齢集団で遊ぶ場合にもおすすめです。

声かけ♥導入

ボールがなければ、古新聞紙をビニール袋につめてつくります（秋なら落ち葉をつめて）。広い場所なら全員が入れるくらいの円を書きます。

４、５人ずつのチームに分け、代表どうしがジャンケンして鬼チームを決めます。鬼チーム以外は、チームごとに縦１列に並び、前の人の肩に両手を置きます。先頭の人は両手を自由に使えます。

鬼チームは円を囲むように立ち、他のチームは円の中に入ります。

展開

教師の合図でドッジボール開始です。

最後尾の人が当てられたらアウト。手を放してもアウト。最後尾以外の人に当たった場合はセーフです。先頭の人はボールをキャッチしてもＯＫです。ボールが円の中で止まったら、先頭の人が外に投げだしてください。

結果♥発表

アウトになったら鬼と交替です。全部のチームを当ててから交替としてもよい。

効果◆発展◆アドバイス

●夢中になると後ろの人は振り回されてしまいます。小さい子や力の弱い子は列の中に入れてあげましょう。誰が先頭になり、誰を最後にするかなどを相談して決めよう。

ボクは両手がつかえるぞ!
手をはなしたらアウト!
ボールが当らないように逃げるぞ!
おに
おに
にげろ〜
おに
キャッチ!セーフ!!
まって〜!
おに
あぶない!!
セーフ!!
あ〜!アウト!
あっ!!
しまった!
あたった!

新聞紙のハードル

ねらい
こんな時に

新聞紙のハードルなら当たっても痛くありません。キャンプや山登りの機会だけでなく、出かける時に新聞紙を持っていくと便利です。雨具や敷物として、そしてこのように遊びにも大いに利用したいもの。

声かけ♥導入

5m～10mの直線をとれるスペースあったらやってみましょう。スタートとゴールに線を引き、その間に3～5つのハードルを置くことにします。助走距離も必要なので、ハードルの位置はコースの長さによって決めてください。

新聞を開いて２人で両端を持ち、ハードルの位置に立ちます。高さは低めに。

展開

１人ずつスタート位置につき、教師の合図で一気にゴールまで走ります。

当たって新聞が少し破れてもセーフです。ただし２枚にちぎれたらアウト。もう一度やり直しです。

新聞紙がちぎれたら取り替えて続けましょう。

結果♥発表

タイムを計って順位をつけてもいいですし、新聞紙を破らずにゴールできた人を勝ちとしてもいいでしょう。

効果◆発展◆アドバイス

●新聞紙を縦に高くしてやってみよう。

●幼児なら、破りながら走っていくと壮快ですよ。破った後、ヒーローになった気分で決めのポーズ！

新聞紙のハードルをとんでね！
ゴール
ハーイ！
スタート
あ〜、おしい！
アウト
セーフ！
ギリギリセーフ
もう一回！
応用
新聞紙をたてにして。
むずかしいよ！
幼児なら…
すごーい！
ベリッ

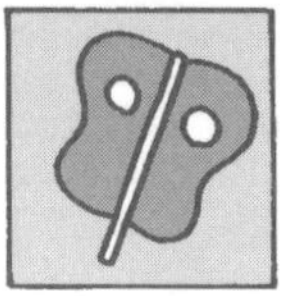

勝ち抜き背中ずもう

ねらい こんな時に

体を触れあって遊ぶことで、みんなといっそう仲よくなれる気がします。

背中ずもうなら、男の子も女の子も一緒になってワイワイ楽しめますよ。

声かけ♥導入

土俵を書いて、

「背中ずもうをやろう}

と子どもたちを誘いましょう。

子ども２人が、土俵の中央で背中合わせに腕を組んで立ちます。

腕を離したり、投げたり転ばせるのはだめ。あくまでも押し出しが基本です。体をかわしてバランスをくずしてから押し出すのはよしとします。

展開

教師が行司になり、「はっけよい、のこった」の合図ですもうをとります。

もつれて転んだら、立たせてもう一度始めから。

結果♥発表

一方が押し出されたら勝負あり。次の組が土俵に上がります。トーナメント方式で勝ち抜いた人が優勝です。勝ち抜き戦にするなら「５人抜いたら横綱」などと決めて表彰するのも楽しいでしょう。

効果◆発展◆アドバイス

●クラスで番付表をつくろう。

●子どもが行司や解説をしたり、新聞を発行してもいいですね。

のこった、
のこった！
あっ…
がんばれ！
負けそう…
みどりちゃん
がんばれ！
3組1学期場所
優勝は
山田みどりさん
○○小学校三年三組
1学期
私は横綱
でーす！

ケンケンずもう

芝生（草）や土のグラウンドなど、いつでもどこでも誰とでもやれます。

ねらい こんな時に

力持ちだけが勝つすもうじゃありませんから女の子も一緒に楽しめますよ。
雨の日には体育館でもどうぞ。

声かけ♥導入

「ケンケンずもうをやろう」と教師が誘い、足首をつかんで片足立ちします。足首をつかめない人は、つま先を持って立ちます。

展開

「手をはなしたり足をついたり転んだら負けだよ」と言って子どもと勝負します。

土俵はあってもなくてもいいでしょう。押したりかわしたり、逃げてもかまいません。

服を引っぱってもよいとするかだめとするかは、教師の判断で。

結果♥発表

見本を見せて子どもが乗ってきたら、2人ずつ握手をして始めましょう。

チーム対抗や勝ち抜きでも楽しいですよ。

効果◆発展◆アドバイス

●大きな円を書き、一度に大勢が入ってやってみよう。最後まで残った人がチャンピオンです。

●慣れない子は、片足で立っただけでふらふらしてしまうでしょう。その場合は足をつかまなくてもよい、など教師がルールをつくってください。

足首はもてない…
こういう子はつま先を持って。
手をはなしたり足をついたら負けだよ！
はーい！
わーい！勝ったー！
負け。
あっ！
負け。
あっ！
手をはなしていなくてもころんだら負けです
応用
だれが最後まで残るかな！
ガンバレ！
えい！
おっと！

すわりずもう

すもうは投げたり投げられたりするのであぶない部分もありますが、しゃがんでやれば転がっても低いから安全です。

ねらい こんな時に

また、見た目よりは体力を使うのでいい運動になります。

声かけ♥導入

教師がしゃがんで腕を広げ、「さあ、かかってこい」と胸を貸します。

子どもたちを押し倒したり転がしたりしましょう。

展開

教師が倒されたら、子どもを抱きしめて「さ、今度はみんなでやろう」と誘い、小さな土俵を書きます。ルールは簡単、しゃがんだまますもうをとるだけです。

結果♥発表

ひざや手をついたり転んだら負けです。個人戦やチーム対抗などで楽しみましょう。教師が行司をして盛り上げるといいですね。

効果◆発展◆アドバイス

●むかでずもう

1　３人～５人のチームに分ける。
2　並び順を決め、前の人の肩に両手をおいてつながり、むかでになる。
3　２組ずつ向かい合ってしゃがみ、１mほど間をとってにらみ合う。
4　「勝負」の合図で、押したり引いたりしてすもうをとる。転んだり手をついたり、つないでいる手を放したら負けです。
5　勝ち抜き戦でナンバー１を決めよう。

負けた〜
投げとばし!
すごーい!
次はぼく!
手がついた…
ひざがついた…
負け
負け
応用
はっけよいのこった、のこった!
ガンバレ!
ひっくり返りそう〜!
チームをつくってむかでずもう

フェイスジャンケン

ねらい こんな時に

野外の楽しみの1つはお弁当でしょう。食事の後はゆっくり休んでほしいのですが、すぐに遊びたくなったらやりましょう。座ったまま、体を動かさずにできます。

声かけ♥導入

「顔ジャンケンしよう」と誘って、子どもたちと一緒に顔の表情でグー・チョキ・パーを決めましょう。

（例）グー＝怒った顔
チョキ＝泣きそうな顔
パー＝笑った顔

展開

まず教師が手をあげ、誰かと顔でジャンケンしましょう。「ジャンケン、ジャンケン、顔ジャンケン！」で顔をつくります。

勝った人は、「まだやっていない人で、私と勝負する人」と、次の相手を探します。

一度勝負した人は手をあげないことにします。まとまりがつかない時は、最初に教師の前に１列に並ばせるとよいでしょう。

負けた人は後ろに並び直します。

結果♥発表

５人抜きにして、勝った人は見学していましょう。

効果◆発展◆アドバイス

●人数が多い時はまず隣の人とやり、次に勝った人どうしがやって、勝ち抜きでチャンピオンを決めよう。

じゃあ、ウインクは？
そんな顔いやよ！
「あっかんべー」は？
パーはどんな顔がいいと思う？
わたしウインクできない！
笑った顔がいいと思うな！
グー
チョキ
パー
おこった顔
泣きそうな顔
笑った顔
ジャンケン、ジャンケン
顔ジャンケン！
チョキ
パー
負けちゃった…
勝ったのにこんな顔かよ〜〜

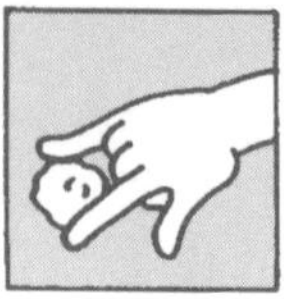

フィンガーリレー

車座に座って、お弁当を食べてからやりましょう。この遊びも座ったままでできますよ。

ねらい こんな時に

移動のバスの中や教室でも楽しめます。食後でなければ、かけっこ、リレーにアレンジすることも可能です。

声かけ♥導入

教師が、お弁当を包んでいた新聞の端をちぎって丸め、人さし指と小指の間にはさめるくらいの小さいボールをつくります。

展開

図にようにボールを指にはさみ、隣の人に渡します。

隣の人は同じように人さし指と小指ではさんで受けとり、また隣の人に回します。

結果♥発表

落とさずに全員が運べるまでやってみよう。

チームを分けて、早く終了したチームの勝ちとしてもよいでしょう。

効果◆発展◆アドバイス

●木の実や石ころ、丸めたハンカチなどを使ってやってみよう。

●利き手でない方の指でやってみよう。

●食後でなければ、大きく広がって走ってもいいし、途中に障害物があっても楽しくなりますね。落としたら最初からやり直しで、早く終了したチームの勝ちとします。運動会の時のように応援して、盛り上げましょう。

新聞紙でつくる
いちばんはやくまわした
チームが優勝!!
おっとっと…
いがいとむずかしい…
ちゃんとわたせてよかった!
できるかな…
練習!
あっ!!
むこうのチームのほうがはやい!!
応用
落とさなくてよかった!
おっとっと…
しんちょうに!
松ぼっくりやハンカチで代用しても…
がんばれ!

インスタントダーツ

自然の木を使ってダーツをしよう。ダーツといっても木を傷つけません。

ねらい こんな時に

食事の後でも、走り回らないから夢中になっても安心です。

声かけ♥導入

まず、みんなでダーツの矢をつくりましょう。小さめのビニール袋に落ち葉や新聞紙をつめ、丸めて口をしばります。これを2、3個用意して下さい。

ガムテープを10～20ｃｍほどに切り、逆に巻いて輪にします。テープごとに点数をつけ、木に間隔をおいて貼りつけましょう。

展開

木から１～２ｍ離れた位置に線を引き、そこからダーツを投げます。うまくくっついたら、そのガムテープの点が得点になります。

結果♥発表

得点の合計が多い人の勝ち。またはくっついた数で得点を競ってもいいですね。

何回投げてよいかなど、あらかじめ子どもたちと話して決めておくといいでしょう。

効果◆発展◆アドバイス

●木が密集している場合は、いくつもの木にガムテープをつけて、遠い木、影にある木の得点を高くしよう。

●トレーなどにガムテープを貼ってペッタンとくっつくキャッチボールをやったり、体にテープをつけて的にするのも楽しい。

●ダーツの矢を大きくつくってみよう

ガムテープを
逆にまいて
的をつくる
50
30
50
30
10
10
10
50
20
いちばん点数の多い人の勝ち！
わたしは50点をねらうわ！
30点をねらうぞ！エイ!!
1～2m
ビニール袋
トレーなど
いいよー！
いくよー！
応用
ぼくが的になるよ！
キャッチボールもできるよ！

ことばあつめゲーム

自然の中で考えたり見つけたりしましょう。

ねらい こんな時に

授業で学習した内容や子どもたちが関心のあることから出題すれば、夢中になることうけあいです。

声かけ♥導入

「ここから見える自然の生きものをたくさんノートに書いてみよう」と声をかけます。

展開

思いつくまま1分ほど書いてもらいます。すぐに思いつかない子もいますので、足元の草や昆虫、木などをヒントで言ってあげるといいですね。

結果♥発表

1人ひとりに発表してもらい、みんなで確かめ合います。

1度やると楽しさがわかりますから「じゃあ、次は魚の名前で」とか「虫の名前で」と続けていきましょう。

教師が出題するなら「国の名前」「都道府県」「四文字熟語」「答えが2になる問題」「祝祭日」「覚えている俳句」など、授業の内容をゲームにすると楽しんで覚えられます。後は教師の腕しだいです。

効果◆発展◆アドバイス

●4、5人のチーム対抗でやってみよう。

「(東京なら)山の手線の駅名を書いて」などの出題に、1～3分間、子どもたちは協力して考えます。各チームに1つひとつ読みあげてもらい答え合わせをしましょう。多く正解を書いたチームの勝ち。

●「教職員のフルネーム調べ」や「学校にある草花」など、チームで協力してやる調べ学習もいいですね。

発表します。虫のくも！
え〜？いた？
1分たったら発表！
ここから見える自然の生き物をノートに書こう！
ぼくは書いたよ！
ちょうがいた！
ありがあるいている！

チーム対抗で「駅名あつめ」

大森はちがうよ！
山の手線の駅名？
品川
東京
え〜と…
大森

応用

学校の先生のフルネーム調べ！
山田先生のフルネームを教えて!?
え？山田トラよ！

いい顔リレー

丸く輪になってお弁当を食べた後、みんなで楽しい遊びをしましょう。顔の表情を順々に伝えていきます。遊びは静かに進みますが、最後の答え合わせでどっとわきます。野外で大笑いができたら、気分もスカッとしますよ。

ねらい
こんな時に

声かけ♥導入

大きな車座になって座り、「みなさーん。全員右を向いて目をとじて下さい」と声をかけます。

「これから“いい顔”のリレーをします。みなさんは、後ろの人に肩をたたかれた時だけ振り向いて顔を見て、次の人にリレーして下さい」

展開

教師が前の人の肩をたたき、変な顔やおもしろい顔をしましょう。

その表情を覚えたら前の人に伝えます。変な顔・おかしな顔で吹き出しても、声にだしてはいけません。最後の人は先生の肩をたたいて「終わったよ」の合図をします。

結果♥発表

教師が「答え合わせをします」と言って、1・2の3で全員でリレーの顔をして円の内側を向きます。全員が同じ顔なら「おめでとうございまーす」。

間違えていたらその人には立ってもらい、その顔をみんなによーく見せてあげましょう。

効果◆発展◆アドバイス

- 手も使っておかしな顔をつくってみよう。
- 立って全身のジェスチャーでやってみよう。

どこまでまわったかな？
どんな顔かな？
え〜っ!!
すごい顔!
みんなそろった!
おめでとうございまーす!
1.2の3!
応用
全身のジェスチャーにしたり…
手を使っておかしい顔をつくったり…

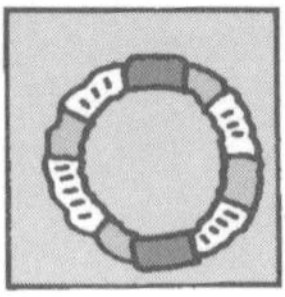

かんたんチーム輪投げ

ねらい こんな時に

輪投げをチームプレーで楽しみましょう。
お互いを思いやる心がポイントですから、友だちづくり・仲間づくりにおすすめです。
2人の呼吸を合わせてがんばって！

声かけ♥導入

古新聞を細く棒状に丸め、それをガムテープでとめて輪をつくります。

2人1組のチームをつくったら、みんなで大きな車座になって座ります。

順番を決め、まず最初のチームが円の中央に立ちます。

教師が1人に輪を4本渡してゲーム開始。

展開

2人は円の中央に背中合わせに立ち、それぞれ2、3歩進んで向かい合います。

1人が片足立ちになって的になり、もう1人が1つずつ輪を投げます。

的は右手・左手・首・あげた足で1本ずつキャッチして、これが得点になります。

的はよろけてもいいですが、足をついたり転んだらアウト。得点は取り消しです。

交替して投げ、2人の合計がチームの得点になります。

結果♥発表

全チームがやって、得点の多いチームの勝ちです。

効果◆発展◆アドバイス

- ●応援は盛大にやったほうが楽しい。
- ●低学年なら、的は両手をあげて動かないように立ってやるとよい。

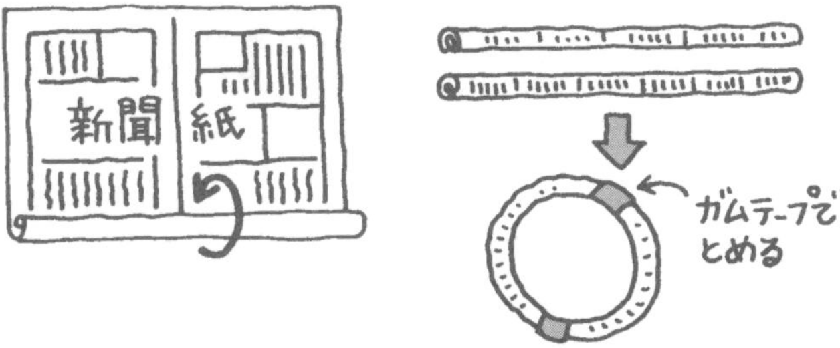
新聞紙
ガムテープでとめる

OK!
これは右うで用だよ!

応用
低学年
せっかく入ったのに…
わーい!!
おっとっと…
トテッ
全部かけたぞ~!
動かない

にがてな虫捕りゲーム

ねらい こんな時に

虫が苦手という人は少なくないでしょう。そんな人たちにおすすめの虫捕りです。カードを使っての虫捕りですから、学習もできます。野外に出かける前、どんな虫がいるかを調べたり、カードをつくっておくとよいでしょう。

声かけ♥導入

お弁当を食べている間などに、教師がカードを隠します。

勉強した後なら、虫の習性を考えて隠すとよい。「せみ」は木にガムテープなどでカードをはる、「かぶとむし」なら木の下の方に、「かまきり」や「バッタ」などは草むらに置くなど。

展開♥結果♥発表

教師の合図で虫さがしをします。

カードの枚数や人数によって遊び方を変えてかまいません。人数が少ない時は一度にやり、数多く集めた人の勝ちとします。

多い時は２チームに分けて、チーム対抗がいいでしょう。１人（２人）ずつの勝負で合計枚数を競います。

効果◆発展◆アドバイス

●チーム対抗でやってみよう

1　先攻後攻を決める。

2　後攻のチームが、決められた範囲内にカードを隠す。

3　スタートの合図で先攻チームがカードを探す。

4　探し終わったら交替する。

5　時間を計って早く全部見つけたチームの勝ちとなる。

●カードに点をつけて、得点数で競ってもいいですね。

虫はふだんどんな場所にいるか、思いだしてさがしてごらん!
あった!
セミ
キョロキョロ…
かぶとむしは…?
あーっ! あった!
カマキリ
バッタ

落ち葉のピッタシカンカン

ねらい こんな時に

秋の野山は、きれいな落ち葉がいっぱいですね。落ち葉を拾い集めておくと、いろんな遊びに使えます。ビニール袋を用意して落ち葉あつめからやりましょう。

声かけ♥導入

「落ち葉をつないで１ｍになるように、その分の落ち葉を拾ってきて」

と言って落ち葉拾いに行かせます。

展開

子どもたちは、それぞれ好きな落ち葉を好きなだけ拾いに行き、１ｍ分集まったと思うところで戻ってきます。

全員そろったら、教師の合図で落ち葉を並べます。向きは自由です。

結果♥発表

１人ずつ長さを計り、１ｍに最も近い人の勝ちとします。１ｍ以上は失格です。

効果◆発展◆アドバイス

●4、5人のグループ対抗で、３ｍとか５ｍでやってみよう。

●重さや枚数で競ってみよう。

●動物画のコンクールをしよう。

拾ってきた落ち葉を使って動物の形をつくります。誰が1番上手かを決めてもいいし、クイズにしても楽しい。画用紙に貼って持ち帰り、教室に飾るのも素敵ですね。

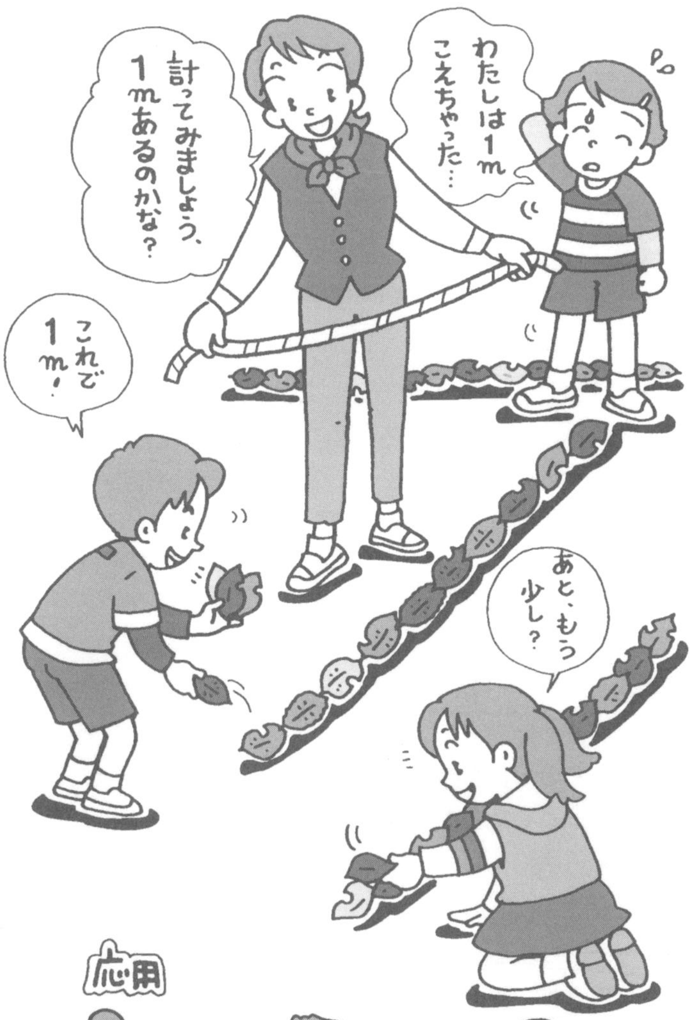
わたしは1mこえちゃった…
計ってみましょう、1mあるのかな?
これで1m!
あと、もう少し?

応用

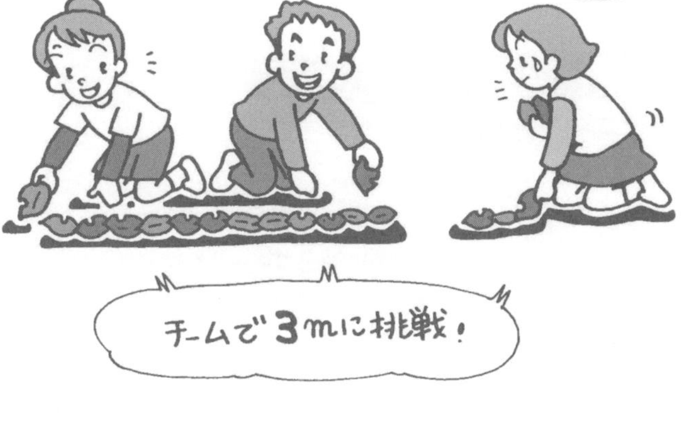
チームで3mに挑戦!

林の中ゴルフ

日差しをさけて林の中で遊びましょう。コースを長くつくれば森林浴もかねたゲームになります。

ねらい こんな時に

林の中でゴルフができるなんて、子どもたちはきっとびっくりしますよ。

声かけ♥導入

みんなの赤白帽をカップ代わりにします。ビニールひもを１ｍくらいずつに切り、一定の間隔をおいて木の幹や枝にポケットになるように帽子を結びつけます。低学年なら、つける場所を教師が決めてあげてもいいでしょう。

おにぎりを包んでいたアルミホイルとか新聞紙を丸めてボールにします。まつぼっくりを拾ってきて使うのもいいですね。

展開

スタート地点から１人ずつボールを投げ、めあての帽子に入るまでの回数を競います。

教師は子どもたちの投数をメモしておきます。

結果♥発表

全員がコースを回り終わったら、草の上に腰を下ろして結果を報告しましょう。草花などで花飾りやメダルをつくって表彰式をやるのもいいですね。

効果◆発展◆アドバイス

●ビニール袋で大きなカップをつくり、紙皿を使ったフリスビーゴルフも楽しい。

●自分の帽子をどこにつけたか覚えておきましょう。

●外出先から学校へ戻りながらやっても楽しいでしょう。全員が終わった順に帽子をはずしていけば、ゲームが終了した時には後片づけも終了している、というわけです。

ボクの帽子！
自分の帽子の場所を忘れないように！
下のほうにつけよう！
2投め
1投め
3回で入った！
学校まで帰ってきた!!

片手のつなひき

野山に行くと大きな声をだしたくなりませんか。そんな時、つなひきはどうでしょう。

ねらい こんな時に

運動会でやるような大がかりなものでなく、簡単なつなひきです。あらかじめロープを用意しておくといいですね。

声かけ♥導入

「つなひきをやろう」と声をかけ、ロープのちょうど真ん中に、ハンカチなどを結びつけて目印にします。

地面に幅２ｍほどの平行の線を引き、線の中央にハンカチの位置を合わせて置きます。

ロープの太さ（強さ）によって子どもたちをいくつかのチームに分けましょう。

展開

最初の２チームが、向かい合ってロープのわきに立ちます。

「ロープを持って」の合図で、子どもたちは腰を下ろし、片手（自分の利き腕でよい）でロープを持ちます。もう片方の手は肩より高くあげます。

教師の合図（かけ声・笛）でつなひきスタート。

「ワッセ、ワッセ」「オーエス、オーエス」など、大きな声を出してやりましょう。

結果♥発表

ハンカチの位置が自チームの線を越えたら勝ちです。見学している子は、声援を送ったり、「手が下がってきたよ」などと注意してあげましょう。

効果◆発展◆アドバイス

- ロープが切れないように人数を考えよう。
- ロープがなければタオルやベルトでもやってみよう。

きき手で
ロープを持って、
片手は高く
あげてね！
1m
1m
はーい！
ボクは
左きき
オーエス
オーエス
ワッセ
ワッセ!!
あっ、
負けそう！
がんばれ！
もう少し！

キャッチバスケット

ねらい
こんな時に

秋の野山で拾った落ち葉でボールをつくってバスケットボールをやりましょう。シュートする人だけでなく、リング役の人の技術も問われるチームプレーのゲームです。

声かけ♥導入

4、5人のグループに分け、グループごとに、落ち葉をビニール袋につめてボールをつくらせます。

ガムテープで丸くボールの形にしてもいいし、なければ袋の口を縛っただけでもよい。

各チームでリング係を１人決めます。地面に両足が入るくらいの円を書き、リング係はその中に立ちます。木の切り株や岩など少し高いものがあればその上に立ってもよい。

展開

リングから２～３ｍ離れた所に円を書き、順番にその中からシュートをしましょう。上手投げでも下手投げでもかまいません。リング係が円から出ない（台から落ちない）ようにボールをキャッチできれば得点です。

結果♥発表

１人３回投げて、全員の成功回数がチームの得点になります。全チームが終わったら順位を決めましょう。

効果◆発展◆アドバイス

●ルールもいろいろ考えよう

リング係は肩の高さから手を下げてはいけない。手首をくっつけたままで動かしてはいけない。投げる人は後ろ向きで投げる。など

●ボールはアルミホイルを丸めてもいいし、まつぼっくりでもよい。その時は帽子をリング代わりに持とう。

スーパー
これでも
いい！
ガムテープで
丸くしてもいい！
エイ！
1人3回
投げて
全員の
得点が
チームの得点！
2〜3m
円を描く
いろいろなルールを考えよう！
あ〜！
後ろ向きで
投げたり…
取れない〜！
手を肩から
下げては
いけない
手首を
くっつけた
まま

つるしドッジボール

ねらい こんな時に

秋の野山で落ち葉ひろいをして、観察やスケッチを楽しんでから、それを使った遊びに発展させましょう。
秋以外は新聞紙などを利用して、自然の草花は使わないように工夫をしてください。

声かけ♥導入

落ち葉をビニール袋につめてボールをつくり、木の張りだした枝に、地面から50ｃｍほど浮かせてつり下げます（木の回りが安全な地面であること）。

そのボールを持ち、自分をコンパスにして足で円を書きます。

鬼を１人決めたら、全員が円の中に入ります。

展開

教師の合図で鬼は円の中に入り、ボールをみんなに当てます。よけてもキャッチしてもセーフですが、片足でも円から出たらアウトです。当てられた人は円の外に出ます。

結果♥発表

全員アウトにするか、時間内に何人当てたかで交替しましょう。

効果◆発展◆アドバイス

●円に入る人数が多すぎると夢中になってぶつかることもあるでしょうから、あまり多くならない方がいいでしょう。

●太い輪ゴムをつないだひもにしても楽しい。

この場合は円を大きめに書きます。ルールも、片足だけ、指先だけでも円の中に残っていればセーフとします。

●ボールを２個にして、鬼も２人にしてみよう。

足で線を引く！
おに
50cm

当った！アウト!!
あっ！
キャッチ、セーフ！
アウト！
すごーい

輪ゴムでつくってもおもしろいよ!!
ビョ〜ン

けり馬ロデオ

馬とびをアレンジした遊びです。落ちても転んでも危なくない草の上でやりましょう。

ねらい こんな時に

思いきり運動したい時にどうぞ。男子と女子は分けてやる方がいいでしょう。

声かけ♥導入

２人１組で２チームをつくり、ジャンケンで馬組とカウボーイ組を決めます。

馬組は、１人が足を開いて立ち（前足係）、もう１人が立った人の股の間に頭を入れ、外れないように足を持ちます（後ろ足係）。

教師の合図で、馬の後ろ足が暴れます。

展開

カウボーイ組の２人は、順番に隙をみて馬に乗るかしがみつきます。馬は乗られないように暴れ、はねたりけったりしてもよいことにします。

カウボーイが足を浮かせて10秒間馬に乗っていられたら勝ちです。馬から落ちたり足をついたらアウト。前足係は、手で攻撃してはいけません。

２人の挑戦が終わったら交替します。

結果♥発表

引き分けなら、馬を交替して勝負がつくまでやりましょう。勝ち抜き戦で最後まで勝ち残ったチームの優勝です。

効果◆発展◆アドバイス

●低学年の場合や危ないと思われる時は、飛び乗らない・けるのはだめ、などルールをつくってください。

●３人１組でチームをつくり、２人がつながって馬をつくっても楽しい。

後ろから近づくと馬にけられるよ！
横から乗るとけられない！
乗られないように はねたり、けったりする！

応用

つかまって10かぞえたらOK!!
あ〜〜!!
わーい!!
3人のチームでやってもいいね！

1人攻撃の野球

ねらい こんな時に

野球をやりたくなったら少人数でもどこででもできます。これなら女の子にも、という野球です。雨の日の体育館でもおためし下さい。

声かけ♥導入

ボールがなければ、ビニール袋に古新聞や落ち葉などをつめてつくります。バットは要りません。

ホームベースを書き、そこから放射状に60度くらいの２本の線を引きます。塁間が同じになるように１塁と３塁を書きます。距離は子どもたちの走力に応じて変えてよい。

４、５人ずつのチームに分け、代表がジャンケンで順番を決めます。２番目のチームが内野の守備につき、３番目からのチームは外野にちらばります。

展開

この野球ではピッチャーはボールを投げません。バッターは、教師からボールを受けとってバッターボックスに入り、守備位置の間をねらって力一杯投げて１塁へ走ります。フライをとったらアウト。ゴロなら１塁へ投げ、バッターより早ければアウトです。盗塁・リードはなしとします。３アウトになったら内野のチームが攻撃、アウトになったチームは外野守備へ、外野のチームは内野守備に回ります。

結果♥発表

回を決めてやり、得点の多かったチームの勝ちとします。

効果◆発展◆アドバイス

●１人野球をしよう。

ベースは１塁とホームだけ。教師がキャッチャーになります。バッターはボールを投げたら１塁へ走り、ベースを踏んで（木にタッチして）ホームに戻ります。アウトになるまで続けます。

3番目のチームは外野を守る
セカンド
サード
ファースト
ピッチャー
60°
キャッチャー
ぜったいとってー!
あ~!
それ!
とらないで~!
ダッシュ!!
応用
1人野球をしよう
キャッチ!
はやくなげて!
タッチ!
はやく~!
がんばれ!

東西南北 どんぐりひろい

ねらい こんな時に

秋の野山でどんぐりをたくさん拾ってから遊びましょう。ロープで引っぱったり引っぱられたり、応援にも熱が入ります。

声かけ♥導入

長いロープ２本のまん中をクロスさせるようにしばって、グラウンドに四方に広げるように置きます。

各ロープの先から１ｍの所に帽子を置き（４か所とも）、中央（ロープの結び目）あたりにどんぐりをまきます。

４チームに分けたら、各チーム最初の人がロープの先に外を向いて立ち、ロープの端を腰にしばりつけます。

展開

教師の合図で４人はいっせいにどんぐりを拾いに走り、何個でも（数が少なければ１個ずつと決めてもよい）自分たちの帽子に入れます。こぼれて入らなかったものを他の人が入れてはいけません。

誰かが帽子の近くまで寄れば他の人は引っぱられ、それだけ帽子が遠くなって入れにくくなります。

結果♥発表

どんぐりがなくなったところで交替。またどんぐりをまいて続けます。チームの合計数で順位を決めます。

１回ずつ勝者を決めてもよい。

効果◆発展◆アドバイス

●いろんな木の実を拾って、それぞれに得点をつけよう。数の少ないものなどは、得点を高くしよう（まつぼっくり10点など）。

●帽子を置く位置をもっと離してやってみよう。

用意ドン！
帽子
1m
どんぐり
あっ！
あ〜っひきずられる〜っ！
よし！
いまのうちにひろおう！
まけた…！
うーん…！
どんぐりの数はぼくが一番！

くねくねジャンケン陣とりゲーム

ねらい こんな時に

広い砂浜にコースを書いて思いっきり駆け回りましょう。子どもたちの体力・好奇心によって、くねくねのラインは自由に書いて遊んでください。

声かけ♥導入

「くねくねジャンケンをしよう」と声をかけ、2つのチームに分けます。

線を引く棒や石（貝殻）を拾ってきます。

教師が足を置いた所に2人が棒を置き、バックしながらくねくねの線を引いてコースを書きます。

長さは自由。ＯＫの所でスタートラインを引き、両チームがそれぞれのスタートラインに並びます。

展開

教師の合図で、両チームの１番走者が線の上を走ります。両者がぶつかった所で、止まってジャンケンをします。

勝った人はそのまま先に進み、負けた人は線から降りて、自チームの後ろに並びます。

負けたチームの２番走者はすばやくスタートして、相手の走者を少しでも遠くで止めましょう。

再びジャンケンして勝った人が先に進めます。

結果♥発表

相手チームのスタートラインまで早くたどり着いた方が勝ち。

効果◆発展◆アドバイス

●１度やってみると、コースづくりにも子どもたちの遊び心が出てくるでしょう。

もっと長く!!
おっとっと…
ココから出発してコースをかきます。
バックしながらくねくねの線をかいてね！
もっとくねくねさせて！
あれれ…
出会ったところでジャンケン！
勝った人はそのまま進み
負けたチームは次の人が…
スタート
ガンバレ～！
スタート
負けた！
あっ！私がいかなくちゃ！
勝った！
スタート

水辺の水くみリレー

海や川、水辺に行くとどうしても水に足をつけたくなりますね。海や川に入って楽しんでから、水をくんで遊びましょう。

ねらい こんな時に

すべって転んだり、水に落ちないように、足元に気をつけることが大切です。

声かけ♥導入

ペットボトルの数だけチームをつくり、各チームにボトルとヨーグルト容器を配ります。

ヨーグルト容器がなければボトルのふたでもかまいません（この場合は小さい500mℓがよい）。

水辺から５～10ｍ離れた所にスタートラインを引きます。

各チームはペットボトルを倒れないように足元の砂に少し埋めて立てます。

展開

教師の合図で、１番走者が川（海）に走って容器に水をくんで戻り、ペットボトルに入れます。リレーで続けましょう。

結果♥発表

全員が終わった時の量の多さで勝敗を決めてもいいし、時間を決めてやってもよい。

効果◆発展◆アドバイス

●あわてて水に足をとられないよう十分に注意しましょう。

●あらかじめボトルに絵の具などを入れておくと、水が入った時に色が変わって綺麗です。

ヨーグルトの容器に水をくんで…
こぼさないように…
5m～10m
はやく、はやく!!
がんばれ!
次はわたし!
応用
水を入れると色が変わってキレイ!
中に絵の具を入れておく!
わあ～! 色がついた!!

海辺のダーツ

広い砂浜に立つと、大きな声を出して思いっきり遊びたくなります。

ねらい こんな時に

室内遊びのダーツを、ペットボトルを使って砂浜でやってみましょう。
力いっぱい投げると気持ちいいですよ。

声かけ♥導入

飲み終わったペットボトル容器を取りだし、「ダーツをやろう」と言って砂（または水）をつめます。子どもたちが振り回したり投げられる量で。

砂浜に大きな円を書き、その中に何重にも円を書きます。たくさんでもいいし、３重か４重程度でもいいでしょう。円の中心から順に高い点数をつけます。

子どもたちが投げて届くくらいの位置に50ｃｍほどの小さい円を書きます。

展開

１人ずつ順番に小さい円に入り、勢いをつけたり反動をつけてペットボトルを空高く投げ上げます。

結果♥発表

ペットボトルが落ちたところの数字が得点になります。１人３回ずつ投げて合計得点を競いましょう。

効果◆発展◆アドバイス

●順位を決めて表彰すると楽しいですね。
●砂や水を入れると重くなりますので、一度に何人も投げないこと。離れた場所で順番を待ちましょう。

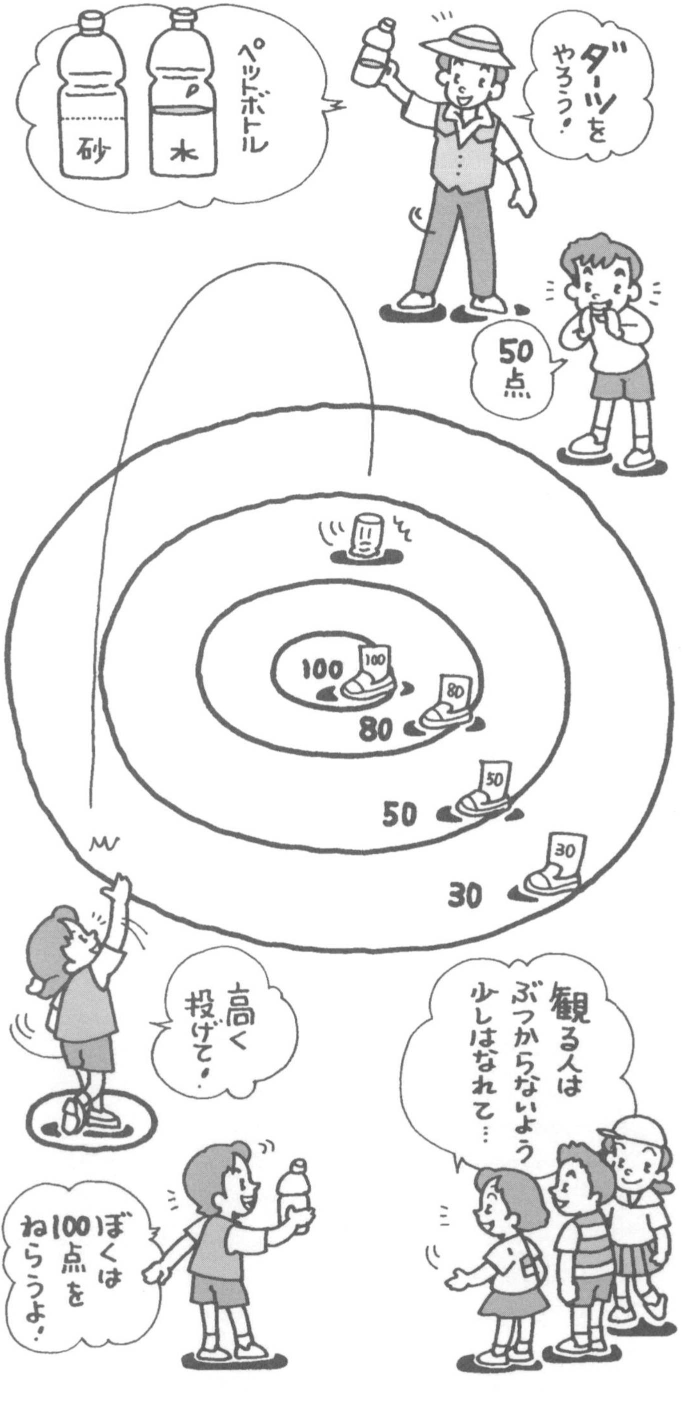
ダーツをやろう!
ペットボトル
砂
水
50点
100
80
50
30
高く投げて!
観る人はぶつからないよう少しはなれて…
ぼくは100点をねらうよ!

海辺のハンマー投げ

ねらい
こんな時に

砂や水は軽そうに見えて重いものです。
スーパーなどのビニール袋を用意しておくだけで、体力遊びができます。広い場所でやりましょう。見ている人は離れた場所で応援してくださいね。

声かけ♥導入

ビニール袋を２、３枚出し、「これに砂をつめてハンマー投げのハンマーをつくろう」と誘います。砂をつめて口をしばり、何重にもして破れないようにしましょう。

砂の上に直径50ｃｍくらいの円を書きます。

展開

まず教師がお手本を見せてあげてください。ハンマーを下げて円の中に立ち、回転しながらハンマーを遠くに投げます。ギャラリーは危なくないように離れた所で見ていましょう。

ハンマーが落ちたら、円の端からの距離を測ります。歩数で測ってもいいでしょう。

子どもたちが順番に投げて距離を競います。投げる時に円から出るとアウトです。もう１度投げるか失格にします。

結果♥発表

１回１回長さを測って、一番遠くまで投げた人を表彰しよう。合計の距離で順番を決めてもよい。

効果◆発展◆アドバイス

●砲丸投げをしよう

砂をつめて丸いボールにします。線を引き、そこから砲丸投げの要領で投げます。

水を入れても楽しい。袋は破れてもいいように多めに用意しておきましょう。

砂をつめる
2~3重
スーパー
スーパー
あぶないので はなれていよう。
円から足が出たらアウト!

2m 35cm!
エイ!

応用

ほうがん投げにも挑戦!

宝さがし海賊ビンゴ

ねらい こんな時に

海や川へ行く前、子どもたちに1つずつ海の生きものをダブらないように紙に書いてもらい、図のようなビンゴ用紙（3×3マス）を人数分つくっておきましょう。この他、授業の内容を生かしたアレンジも可能です。

声かけ♥導入

生きものカードをたたんでフィルムケースに入れ、ふたをします。遠くに宝ゾーンを決め、フィルムケースを埋めて隠します。

子どもたちにビンゴ用紙を配ります。全員が教師を囲んで座り、海の生きものの名前を９種類、ビンゴ用紙のマスに書きます。

展開

教師の合図でいっせいに宝ゾーンに走り、フィルムケースを１つ探して戻ります。

早く戻った順に並びましょう。順番にケースの中の紙を読みあげます。

それぞれが自分のビンゴ用紙を見て、同じ名前があったら消していきます。

結果♥発表

縦横斜めいずれかの列で２つ消えた人は、大きな声で「リーチ」と言って立って下さい。

３つとも消せたら「ビンゴ」で上がりです。早く上がった順に勝ちとなります。

効果◆発展◆アドバイス

●絵が面倒なら数字だけでもよい。

●何度もやりたくなるので、ビンゴ用紙は多めに用意しておきましょう。

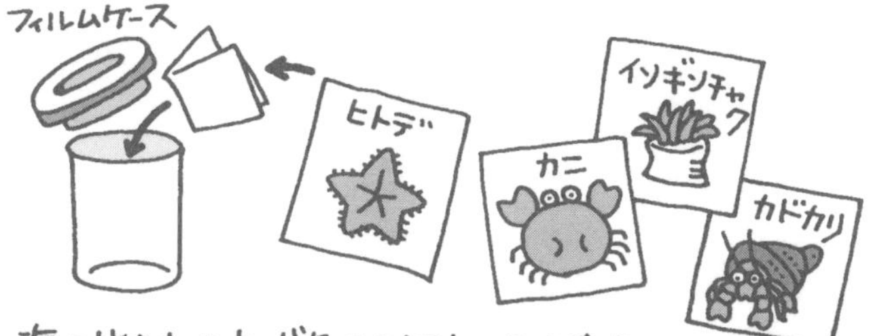
フィルムケース
ヒトデ
カニ
イソギンチャク
カドカリ

海の生きものカードをつくり砂にうめます

ヒトデ
カニ
マキガイ
フジツボ
ウミウシ
イソギンチャク
フナムシ
ヤドカリ
イルカ
ビンゴカードに海の生きものを9個かいてね。
見つけたぞ〜！
ない〜！
あれ〜！
あっ!!
あったー！
いいな!!
ぼくがいちばん！フィルムケースのカードは「ヒトデ」！
ヒトデ

凸凹《でこぼこ》サッカー

ねらい こんな時に

広い場所に行ったらサッカーをやりたくなりますね。凸凹の砂浜や草原ならば、逆にそれを利用してボールも凸凹につくって遊びましょう。上手な子だけが楽しいサッカーじゃないよ。

声かけ♥導入

「サッカーをしよう」と誘い、ビニール袋に新聞紙などをつめてボールを硬めにつくります。

新聞紙を握り拳ほどの大きさに丸めたものを４、５個つくり、ボールの適当な位置にガムテープで貼りつけて凸凹にします。

砂浜に簡単なサッカーコートを書き、水筒や荷物を２つ置いてゴールにします。

展開

２チームに分けます。サッカーと同じルールでもいいですが、教師の判断で簡略化してもいいでしょう。

凸凹のボールですから、思ったようには進みません。

時間を決め、コートチェンジもしたりして遊びましょう。

結果♥発表

得点の多いチームの勝ちとします。人数が多い時はチームを多くしよう。

効果◆発展◆アドバイス

●大きめの四角い発泡スチロールの角を切りとってボールをつくると、体育館や校庭でも手軽に凸凹サッカーが楽しめます。

●トーナメントで今日の優勝チームを決めてもいいですね。学校へ帰ってからもきっとやりたくなりますよ。

新聞紙を中につめる
丸めた新聞紙の玉4～5個をボールにはり、凸凹にする
ピー！
いくぞ～！
あれ！
ゴール
ゴール

応用
発泡スチロールの角をけずってボールをつくり凸凹サッカーをやってもいいね！
発泡スチロール
カットする

スローイングゴルフ

麦わら帽子をボールがわりに、のんびりしたゴルフで遊びましょう。

ねらい こんな時に

クイズや問題も用意してバリエーションを広げるといいですね。

声かけ♥導入

「麦わら帽子を使ってゴルフをしよう」と声をかけます。スタートラインを引き、３～５ｍほど離れた所に１から順番に旗を立てていきます。旗は割りばしでつくっておくといいでしょう。

なければ目印になる枝を立てるか、帽子が入るくらいの円を書いてもよい。

コースや旗の数は自由につくりましょう。

展開

順番を決めて１人ずつやろう。最初の人がスタートラインに立ち、旗に向かって麦わら帽子をフリスビーのように投げます。旗にかぶさるまでの回数を数えておいて下さい。円の場合は、円の中に入ったらカップインとします。

結果♥発表

全員が投げて、投げた回数の少ない順に順位を決めます。コースを全部回ったところで集計して、最後に順位を決めて表彰しましょう。

効果◆発展◆アドバイス

●教師があらかじめクイズを用意しておき、カップインした時に問題を出して答えられたら上がり、わからなかったり間違えたら最後に回ってもう一度ゴルフをやる、というルールもおもしろい。

問題は簡単な方がいいでしょう。

旗がない時は円をかいてもいい！
4
3〜5m
3〜5m
ホールインワンだ！
やった！一発で入った！
3〜5m
3〜5m
スタート
カップインのたびに先生がクイズを出して答えられたらあがり！
私は10回…
ゴールまで6回だったから一番！
応用
答えられなかったら、うしろにもどって、もう一回というルールを作ってもいいね！

ビー玉夏競馬

ねらい こんな時に

競争は、自然と興奮し、夢中になるものです。ギャンブルはおすすめしませんが、遊びですから、拾った貝殻などを賭けて遊ぶといっそう楽しくなります。点とり表などもあるといいでしょう。

声かけ♥導入

「大きな砂山をつくろう」と声をかけ、まずは砂山づくり。できたら、空き缶などを使って山頂からコースをつくります（溝になるように削りとる）。

一度に６～８人がスタートできるように山頂は平らにしておいて下さい。

展開

６～８人ずつのグループに分け、最初のグループが各自ビー玉を持ちます。ビー玉は、誰のものかわかるように色分けするかイニシャルなどを書いておくといいですね。

教師は木の枝などをスタートラインにゲートのように置き、そこへ子どもたちがビー玉を置きます。

ゲートを上げるといっせいにビー玉が転がります。

いきおいあまってコースからはみだしたらアウト。団子になって止まってしまってもアウトとします。

結果♥発表

ゴールに早く着いた順に順位を決めます。表彰するか、貝殻など賭けた物をもらえるようにして遊んでみよう。

効果◆発展◆アドバイス

●狭い道・近道など、コースづくりも子どもと工夫して下さい。

●山は、水で湿らせながらつくるとよい。

ゲートをあけていっせいにスタートするよ。次のレースまで待ってね。
あっ！近道！ラッキー！
がんばれ！
ゲート
とび出したらアウト！
ゴール
あっ！ボクのビー玉がいちばんだ！
ビー玉
たかし
A
自分の名前や目印をかいておこう。

首はばをせまくしたり、近道やトンネルをつくったりいろいろ工夫してみよう！貝がらを賞品にするのもいいね。

大漁鬼ごっこ

ねらい こんな時に

砂浜などで、子どもたちに好きな魚になってもらい、海を意識した鬼ごっこをしましょう。魚の特徴の格好で泳いでもらうだけでも楽しいですね。魚になりきってやってみよう。

声かけ♥導入

教師は足元に大きな円(つかまえた子どもを入れるびく)を書き、魚の逃げる範囲(海)を決めます。

ジャンケンで鬼を２人決めたら、鬼は２人ではちまきの端を持って立ちます。

展開

教師の「始め」の合図で、鬼は大きな声で10数えます。その間に魚(他の子ども)たちは遠くへ逃げましょう。

鬼は、はちまき(網)を広げるようにして魚を追いかけ、はちまきにくるむようにつかまえて魚をびくに入れます。

結果♥発表

全員をつかまえたら交替です。

また、逃げ足の早い魚が多い時は、つかまえた魚を鬼の子分にしてもいいでしょう。鬼と同じように網を持って魚を追いかけます。

今度は挟み撃ちもできるから魚は大変になります。

効果◆発展◆アドバイス

●はちまきがない時は、鬼が手をつなぐ「手つなぎ鬼」をしよう。ルールは同じでかまいませんが、つかまえた人を間に入れて鬼がどんどん長くなっていくと、より楽しくなります。

つかまった手
海（にげまわるスペース）
おに
びく（円）
魚
網（ハチマキ）

最初は2人
あっ・
つかまえた〜！
つかまえた〜！
応用
手つなぎおに
まて〜！
つかまった〜〜！
つかまった人もおにになる

陣とりリレージャンケン

ねらい
こんな時に

広い場所でやってみましょう。なかなか勝負もつかないし盛り上がりますよ。コースも地形に合わせてつくればいっそう楽しめるでしょう。校庭でもできます。

声かけ♥導入

地面に１周50～100ｍの円（四角でもよい）を書いてコースをつくります。

スタートラインを引き、その前後１ｍの所にもラインを引きます。これが各チームの陣になります。子どもたちを２チームに分けます。

展開

まず第一走者の２人が、向かい合うようにスタートラインに立ちます。

教師の合図で、子どもは自分が向いている方向へ走ります（２人はそれぞれ逆方向に走ることになる）。

２人は出合った所で止まりジャンケン。勝った人はそのまま前に走ってよい。負けた人は大きな声で「負けた」と言って手をあげ、自陣に戻ります。

合図を受けた第二走者はすぐにスタートし、出合った所で再びジャンケン。これを繰り返します。

結果♥発表

勝ち続けて相手の陣に入りこんだ方の勝ちです。勝負がつかない時は、相手の陣に近い方を勝ちとしてもよい。

効果◆発展◆アドバイス

●コースの大きさは人数や学年・地形によって変えてください。

●相手に入りこまれないように、ジャンケンに負けたら次の走者はすぐスタートしましょう。

1周50m～100mの円
Aチーム
Bチーム
ヨーイスタート
Bチーム
Aチームのゴール
Aチームスタート
Bチームのゴール
出会ったらジャンケン勝った人はそのまま進み、負けたチームは次の人がスタート
負けた～！
勝った！
はやく、はやく！

繁殖ビールス鬼

ねらい
こんな時に

エイリアンやゾンビが襲いかかる映画のシーンなどを見ていると、自分が逃げ回っているような錯覚にとらわれることがあります。そんな体験のできる鬼ごっこです。林の中でやれば、もっと雰囲気がでます。

声かけ♥導入

「鬼ごっこをしよう」と声をかけ、全員に赤白帽の白い方をかぶってもらいます。

ジャンケンなどで鬼を決めたら、鬼は帽子を赤にかえてかぶります。

展開

教師の合図で子どもたちは原っぱにちらばります。木の影などに隠れてもかまいません。

鬼は10とか50数えてからみんなをつかまえに行きます。

逃げる人の体のどこかにタッチすればアウト。その人も帽子を赤にかえて鬼になります。

鬼の数がどんどん多くなっていきます。

結果♥発表

全員が赤帽子になったら終わりです。最初につかまった人が鬼になってまたゲームを続けましょう。鬼が「1、2、3」と数え始めたら、みんなは帽子を白にして逃げます。

効果◆発展◆アドバイス

●林の中でやってみよう。かくれんぼのようになりますから、いっそうハラハラドキドキ、楽しいゲームになりますよ。まるでゾンビに追われているみたいな気分です。

つかまったから おにだよ！ 帽子を赤にして！
あーっ、つかまっちゃった！
どんどんふえるゾンビみたい……
おにがいっぱいで大変…

応用

ゾンビに追われてるみたい……
どこだ〜
ドキドキ…

紅白チーム対抗鬼ごっこ

ねらい こんな時に

追いつ追われつの展開は、立場が逆転する楽しみがありますね。子どもたちが追う側になったり追われる側になって遊ぶ鬼ごっこです。

声かけ♥導入

赤組・白組の２チームに分けて、赤白帽をかぶります。原っぱの中心から左右50ｍずつ離れた場所に円を書いて安全地帯をつくります。

原っぱの中央あたりに集まり、両チームから１人ずつリーダーを決めて下さい。

展開

リーダーどうしがジャンケン。勝った方は大きな声で「勝ったー。つかまえろー」と仲間に伝え、負けた方は「負けた。逃げろー」と仲間に伝えます。それを合図に鬼ごっこ開始です。

負けたチームは、左右どちらでもいいのですばやく安全地帯に逃げこみましょう。

結果♥発表

途中でつかまったらアウト。座っていましょう。みんながつかまるか安全地帯に入って決着がついたら、再びリーダーがジャンケンをして続けましょう。

効果◆発展◆アドバイス

●足の遅い子などは安全地帯の近くにいてもよいが、他の人は中央から始めるようにします。

●帽子がない時は、落ち葉やどんぐりを持ってやるとよい。つかまえてみるまで相手が敵か味方かわからないのが、この場合の楽しさです。

安全地帯
リーダー
先生
リーダー
安全地帯
リーダーどうしがジャンケン
勝ったー！つかまえろ！
負けた〜！逃げろ〜！
ジャンケンで勝ったチームがおにになります。
つかまえた！
あ〜っ！逃げられた〜！
安全地帯に入ったぞ〜！
ホーッ！
しまった！
セーフ！
応用
つかまえた〜！
ごめん！味方だったんだ……
え〜っ！ぼくもどんぐりチームだよ！

ケンケンジャンケン鬼ごっこ

ねらい こんな時に

広い場所がなくてもできる鬼ごっこです。その割に、ケンケンでやりますから運動量も豊富です。雨の日の体育館でもおためし下さい。

声かけ♥導入

原っぱやグラウンドに図のような陣地（逃げるスペース・おり・安全地帯）を書きます。

２つのチームに分けます。

展開

両チームから１人ずつ中央に出て、線をはさんでケンケンしながら向かい合います。

ジャンケンをし、負けた人はケンケンで味方エリアの安全地帯に逃げます。逃げこんだらセーフ。途中でつかまったらアウトで、相手チームのおりに入れられてしまいます。

結果♥発表

順番に１人ずつやって、多く相手をつかまえたチームの勝ちとします。

勝ち抜きにするならチームに分けなくてもいいし、おりもなくていいでしょう。

効果◆発展◆アドバイス

●代表ジャンケン鬼

４、５人のチームをたくさんつくります。チーム全員が中央の線をはさんでケンケンで立ち、代表がジャンケン。その勝負に合わせたゲームをします。残った人数の代表で繰り返し勝負をします。トーナメントで勝ち抜き戦をやろう。

つかまった子
ジャンケンポン！
安全地帯
オリ
負けた！逃げろ〜。
まてー！
セーフ！
つかまえた！おりに入ってね！
あ〜！
つかまった！
応用
逃げろ〜
負けた〜！
ジャンケンをよく見ていないと逃げおくれるよ！
勝った〜！

後押しずもう

ねらい こんな時に

チームプレーの押しずもうをやってみましょう。助け合い協力しあってやるすもうですから仲間づくりにもおすすめです。みんなでアイデアを出し合って、強そうな四股名も考えてみてください。

声かけ♥導入

「おしずもうをやろう」と子どもたちを集めましょう。教師が行司になって、３、４人ずつのチームに分けます。

地面に直径２ｍほどの土俵を書きます。

チームごとに四股名を決めると、よりいっそう気分も出るでしょう。

展開

順番を決め、２組が縦１列になって土俵に上がります。

行事の「見合って見合って」「よーい」などの声で、先頭の人どうしが手の平を合わせます。他の人たちは前の人の肩（背中）に手をおきます。

「はっけよい、のこった！」の合図で押しずもうを始めます。

結果♥発表

押し出された方のチームが負けです。トーナメントでやって優勝チームを決めよう。

効果◆発展◆アドバイス

●土俵を大きく書いて、一度に4、5チーム、あるいは全チームが入って一緒にやってみよう。この場合は最後まで残ったチームの勝ち。逃げるのも作戦のうちです。

見合って見合って〜!
よーい、
はっけよいのこった!
のこったのこった!
あっ…もうだめ!
応用
一度に何チームも入ってみよう。
にげるのも作戦だあ!
あ〜!
あっ!

仲間分け鬼ごっこ

ねらい こんな時に

動物・鳥・魚チームに分かれて鬼ごっこをしよう。ここでは赤白帽を紹介しますが、「動物カード」をつくっておくのもいいですね。

声かけ♥導入

地面に図のような陣地を書きます。中央の三角地帯は鬼ごっこができるくらい広くスペースをとりましょう。

動物・鳥・魚の３チームをつくり、赤白帽で分けます。

（例）動物チーム（赤）　鳥チーム（白）
　　　魚チーム（かぶらない）

動物カードがあれば各チーム全員にカードを配ります。

展開

各チームのリーダーは中央に集まり、他の人たちは回りにちらばりましょう。リーダーどうしがジャンケンをして、勝ったチームが鬼になります（例：魚）。

鬼チームのリーダーは、大きな声で「魚」と、自チームの名前を叫びます。鬼以外のチーム（この場合は動物・鳥）は、いくつかつくっておいた安全地帯に逃げこみます。つかまったらおりに入れられてしまいます。時間をおいて再びジャンケン。鬼が交替になってゲームを続けます。

結果♥発表

全員つかまったチームは負け。最後に残ったチームの勝ちです。

効果◆発展◆アドバイス

●つかまえられるチームをそれぞれ１つずつにしてみよう。（例）動物は鳥をつかまえられる。
　　　鳥は魚をつかまえられる。
　　　魚は動物をつかまえられる。

動物チーム
赤帽子
魚チーム
白帽子
鳥チーム
かぶらない
◀カードの場合▶
ネコ
スズメ
フナ
ジャンケンポン！
オリ
オリ
安全地帯
安全地帯
オリ
動物がおに！
逃げろ！
わーっ！！
まてー！
動物は鳥をつかまえられる、
鳥は魚をつかまえられる、
魚は動物をつかまえられる、
などルールをつくってもいいね！

冷凍人間、解凍鬼ごっこ

ねらい こんな時に

仲間を助けたり助けられたりする鬼ごっこです。友だちづくりにもいいですね。広い原っぱなどで楽しくやってみよう。

声かけ♥導入

ジャンケンなどで鬼を決めます。遊び方はみんながよく知っている鬼ごっこと同じで、鬼が逃げる子をつかまえます。

違うのは、つかまった子が瞬時に冷凍人間になる、ということです。時間が止まったように、足を開いてその場でカチカチになって止まります。

展開

鬼は次々につかまえて冷凍人間にしていきます。

ただし、仲間（鬼以外の人）が冷凍人間の股の下をくぐったら解凍して動けるようになります。動けたらまたすぐに逃げます。

助ける人は、助けようとすると自分の身も危険になるので、状況判断をしながら助けましょう。

結果♥発表

全員つかまえるのは大変でしょうから、時間を決めてやり、多くつかまえた人の勝ちとします。

効果◆発展◆アドバイス

●山や海それぞれの自然に合わせて解凍方法を考えてみよう。「早口ことば」「一句つくる」「落ち葉や石を拾って冷凍人間に渡すと解凍する」など、いろいろやってみよう。

だれか解凍して…
あっ!!
タッチ!
おに
つかまえた!
カチンコチン!
ありがとう!
味方がくぐったからもう解凍!
2人とも冷凍ね!!
タッチ!
えええ…
足がみじかいから、とおれないよ〜〜!

応用

解凍のしかたをいろいろ考えよう。

落ち葉10枚ひろってきたよ!
ありがとう。これで解凍!

押し出しチームずもう

ねらい
こんな時に

おしくらまんじゅう・かごめかごめなどは、いつの時代でも楽しめる遊びです。みんなが力を合わせてやるからでしょう。
すもうにもみんなでやるものがあっていいですよね。

声かけ♥導入

「力を合わせてみんなですもうをとろうよ」
と子どもたちに声をかけ、５、６人のチームに分けます。

地面に図のような仕切り線と土俵線を書きます。

展開

２チームが土俵に上がり、仕切り線をはさんで向かい合います。

合図で、敵味方が１人おきに仕切り線の上で横１列に並びます（体は交互に逆を向くことになる）。

「用意」の合図で隣どうしが腕を組み、「始め」の合図でそれぞれが前に進みます。

「わっしょい、わっしょい」と声をかけあってにぎやかに遊びましょう。

結果♥発表

チームの誰かが土俵線を踏んだら勝ちです。トーナメントでやって、優勝チームを決めましょう。

効果◆発展◆アドバイス

●力もちの子をどこにおいたらいいかなど、並び順を考えよう。

●校庭に大きな円を書いてやってみよう。くるくる回るのも作戦の１つになって楽しいですよ。

土俵の線
仕切り線
土俵の線

わっしょい！
よいしょ！
あっ！
あ～ 負けそう…
わっしょい！
あと、少し～！

応用
大きな円をかいてやってみるのもおもしろいよ！
仕切り線

5人6脚レース

ねらい こんな時に

チームワークよく遊びましょう。班ごと、チームごと、力を合わせてやることの楽しさ、達成感の喜びをみんなで味わってもらえたらいいですね。

運動会の練習としてもいいですし、ギネスレコードに挑戦するのもいいかも。

声かけ♥導入

「５人６脚レースをやろう」と声をかけ、５人ずつのチームをつくります。

並び順を決めたら横１列に並び、隣の人の足首と自分の足首をはちまき（タオル）でしばります。背の高い人、足の早い人などを考えて並び順を考えるといいですね。

スタートラインとゴールラインをひいて直線コースをつくります。

展開

２チームずつスタートラインに並び、「よーい、ドン」の合図で足並みをそろえて走ります。

転んだら、起きてその場からまた走ればよい。はちまきがほどけたら、その場でしばり直してから走ります。

結果♥発表

早くゴールしたチームの勝ちです。

勝ったチームどうしがトーナメントで競って順位を決めましょう。

効果◆発展◆アドバイス

●30人31脚にもチャレンジしてみよう。クラス全員でギネスの記録を破れるかな？

足なみそろえて…
イチ、ニ、イチ、ニ!
スタートライン
あと、もう少しなのに〜!
あ〜〜っ!
イチ、ニ、イチ、ニ!
がんばれ!
はちまき
ゴール

30人31脚 ギネスに挑戦!

編著者紹介

●

木村《きむら》　研《けん》

1949年　鳥取県生まれ

現在

児童文学作家　日本児童文学者協会会員

あめんぼ同人

著書

『一人でもやるぞ！と旅に出た』『おねしょがなおるおまじない！』

『おしっこでるでる大さくせん！』（いずれも　草炎社）

『999ひきのきょうだい』（ひさかたチャイルド）『わすれんぼうのぼう』（草土文化）

『子育てをたのしむ手づくり絵本』（ひとなる書房）

ゆびあそびシリーズ『⑤チラシであそぶ』『⑥割りばしであそぶ』

『⑦紙コップであそぶ』『⑧水であそぶ』（いずれも　星の環会）

『手づくりおもちゃ＆遊び ワンダーランド』『室内遊び・ゲーム ワンダーランド』

『手づくりあみ機で楽しむ あみもの＆プレゼントグッズ』

『こまった時の クラスと行事のための手づくりグッズ』

『まるごと牛乳パック リサイクル工作ランド』

『準備いらずのクイック教室遊び』

『バラエティーカット集 ①給食＆保健カット』〈監修〉（いずれも　いかだ社）など

イラスト

●

種田瑞子《たねだみずこ》

横浜市生まれ

桑沢デザイン研究所を卒業後、現在フリーのイラストレーター。

ジャンルを問わず幅広い分野で活躍中。

『準備いらずのクイック教室遊び』（いかだ社）イラスト担当。

ブックデザイン●渡辺美知子デザイン室

準備いらずのクイック外遊び

2003年8月 8 日　第1刷発行
2006年7月11日　第3刷発行

編著者●木村 研©

発行人●新沼光太郎

発行所●株式会社いかだ社

〒102-0072 東京都千代田区飯田橋2-4-10 加島ビル
Tel. 03-3234-5365　Fax.03-3234-5308
振替・00130-2-572993
印刷・製本　株式会社ミツワ

乱丁・落丁の場合はお取り換えいたします。
ISBN4-87051-135-5